BEI GRIN MACHT SICH IHR WISSEN BEZAHLT

- Wir veröffentlichen Ihre Hausarbeit,
  Bachelor- und Masterarbeit

- Ihr eigenes eBook und Buch -
  weltweit in allen wichtigen Shops

- Verdienen Sie an jedem Verkauf

Jetzt bei www.GRIN.com hochladen und kostenlos publizieren

Björn Walther

SAP – Strategien und Lösungen für Klein- und Mittelständische Unternehmen im Vergleich mit Open-Source ERP-Systemen

GRIN Verlag

Bibliografische Information der Deutschen Nationalbibliothek:

Die Deutsche Bibliothek verzeichnet diese Publikation in der Deutschen National-
bibliografie; detaillierte bibliografische Daten sind im Internet über http://dnb.d-
nb.de/ abrufbar.

Impressum:

Copyright © 2009 GRIN Verlag, Open Publishing GmbH
Druck und Bindung: Books on Demand GmbH, Norderstedt Germany
ISBN: 978-3-640-73486-3

Dieses Buch bei GRIN:

http://www.grin.com/de/e-book/160296/sap-strategien-und-loesungen-fuer-klein-
und-mittelstaendische-unternehmen

GRIN - Your knowledge has value

Der GRIN Verlag publiziert seit 1998 wissenschaftliche Arbeiten von Studenten, Hochschullehrern und anderen Akademikern als eBook und gedrucktes Buch. Die Verlagswebsite www.grin.com ist die ideale Plattform zur Veröffentlichung von Hausarbeiten, Abschlussarbeiten, wissenschaftlichen Aufsätzen, Dissertationen und Fachbüchern.

Besuchen Sie uns im Internet:

http://www.grin.com/

http://www.facebook.com/grincom

http://www.twitter.com/grin_com

FRIEDRICH-SCHILLER-UNIVERSITÄT JENA
WIRTSCHAFTSWISSENSCHAFTLICHE FAKULTÄT

SAP – Strategien und Lösungen für Klein- und Mittelständische Unternehmen im Vergleich mit Open-Source ERP-Systemen

Eingereicht von:
Björn Walther

Jena, den 09.01.2009

Abkürzungsverzeichnis

OSS – Open Source Software

KMU – Klein- und Mittelständische Unternehmen

SOA – Serviceorientierte Architektur

MDA – Model Driven Architecure

MRP – Material requirements planning bzw. Manufacturing resource planning

CIM – Computer Integrated Manufacturing

ERP – Enterprise Resource Planning

GPL – General Public License

SaaS – Software as a Service

Abbildungsverzeichnis

Inhaltsverzeichnis

1. Einleitung

ERP-Systeme haben sich in der heutigen Wirtschaftswelt etabliert. Inzwischen wird nicht nur das „klassische Produktionsunternehmen" in jenen ERP-Systemen abgebildet, das ursprünglich aus MRP[1] (material requirements planning bzw. später manufacturing resource planning) und CIM (computer integrated manufacturing) hervorging. Alle Branchen können mit heutigen ERP-Systemen arbeiten, da eine Vielzahl operativer und dispositiver Geschäftsprozesse abgedeckt wird. Dabei werden vor allem die Bereiche Finanz- und Rechnungswesen, Logistik, Vertrieb, Service Management, Produktion, Instandhaltung, Qualitätsmanagement und Human Resources bedient.[2] Diese Bereiche werden in der ERP-typischen Modularisierung, mit der Hersteller von ERP-Systemen angepasste Branchenlösungen anbieten, abgebildet.

Vor Unternehmen, die die Einführung eines ERP-Systems beabsichtigen, stehen vielfältige Herausforderungen. Beginnend mit der Planung sind z.T. unklare Anforderungen und/oder Erwartungen an den Implementierungspartner und auch an das System selbst geknüpft. In der Einführungsphase mangelt es häufig an Mitarbeiterbeteiligung. Gründe dafür liegen in „Ängsten etwas falsch zu machen" oder schlicht Zeitmangel.

Zusammenfassend sei für die sich stellenden Herausforderungen auf folgende Abbildung 1 verwiesen.

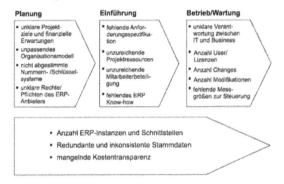

Abbildung 1: Systemeinführung - Herausforderungen an Unternehmen[3]

---

[1] Vgl. Anderegg, T., Internet, http://www.wlug.org.nz/EnterpriseSpeak (Absatz 2), Stand:01.10.2007, Abfrage: 05.11.2008
[2] Vgl. Jacob, O (2008): ERP Value, S. 1.
[3] Jacob, O (2008): ERP Value, S. 7.

Vor allem klein- und mittelständische Unternehmen (KMU), die sich mit solchen Herausforderungen konfrontiert sehen, sind unsicher, ob und wem sie ihr Vertrauen bzgl. einer ERP-Systemeinführung schenken sollen.

Zum einen steht der Branchenprimus SAP mit großem know-how und etabliertem System bereit und bietet seit nicht allzu langer Zeit auch speziell für KMU vorgefertigte Branchenlösungen.

Zum anderen lockt Open-Source Software (OSS) mit geringeren Kosten bei der Einführung, die Lizenz ist dank bspw. GPL gänzlich kostenlos und auch die Weiterentwicklung ist durch Communities gesichert.

Eine dritte Möglichkeit sind proprietäre Systeme kleiner (lokaler) Hersteller und Softwarehäuser, diese werden aber aufgrund ihrer Spezifität im Rahmen dieser Arbeit nicht behandelt.

In der Arbeit soll anhand von Vergleichskriterien ein Schritt in der Entscheidungsfindung SAP vs. OSS für KMU gegangen werden. SAP bietet mit Business One, Business By Design und Business All In One drei Vertreter für KMU. Aufgrund der Verschiedenheit der Systeme und der unterschiedlichen Zielgruppen innerhalb der KMU sei nach der jeweiligen kurzen Vorstellung aller Systeme der Fokus auf nur eins gelegt, um die Vergleichbarkeit mit dem OSS-ERP-System zu gewährleisten. Als Vertreter für OSS geht Compiere in den Vergleich.

2. Anforderungen an ERP-Systeme aus KMU-Sicht

Ray Boggs, Vice President of Small and Medium Business Research bei IDC: "Kunden suchen nach etwas auf den ersten Blick Unvereinbarem: Nach Lösungen, die ihre *individuellen Anforderungen* erfüllen, dabei aber trotzdem weitgehend *vorkonfiguriert* sind, um einen *schnellen* und *kostengünstigen* Einsatz zu gewährleisten. [...] Der Schlüssel zum Erfolg sind branchenspezifische Funktionen, die schnell und kostengünstig zu implementieren sind. Darüber hinaus werden einfach zugängliche Angebote erfolgreich sein, deren Soft- und Hardware bereits aufeinander abgestimmt sind."[4]

Angelehnt an Roy Boggs sind für KMU bei einer anstehenden Systemeinführung individuelle Anforderungen an das System und deren Erfüllung relevant. Die Frage, passen das System bzw. die integrierten Prozesse zum Unternehmen und wie kann man sie im Zweifel doch an die eigenen Prozesse anpassen, sind essentiell. Hochgradige Individualisierbarkeit mit möglichst schon vorhandener Vorkonfiguration, ein Tradeoff, dem heutzutage üblicherweise mit branchenspezifischen Funktionalitäten entgegengetreten wird. Der Begriff „Best Practice" steht hierbei für ein solches Konzept, bei dem „Lösungen oder Verfahrensweisen, die zu Spitzenleistungen führen und als Modell für eine Übernahme in Betracht kommen"[5].

Mittels „Best Practice" und angemessener Vorkonfiguration wird schließlich auch eine annehmbare Einführungszeit erreicht, die im Sinne des Unternehmens ist. Letztlich soll das neue System schnellstmöglich in vollem Umfang in Betrieb genommen werden, um die Funktionalitäten effektiv nutzen zu können. Kann dabei die Einführung selbst vorgenommen werden oder braucht man dazu Fachwissen externer Dienstleister – Fragen die unbedingter Klärung bedürfen.

Ein weiterer kritischer Punkt bei einem ERP-System ist zweifelsohne die Schnittstellenverfügbarkeit zu anderen Systemen. Besonders in Zeiten des Supply Chain Management ein unverzichtbares Feature für reibungslose Kommunikation zwischen Lieferanten und Abnehmern innerhalb der Supply Chain, aber auch direkt zum Kunden.

---

[4] Boggs, R auf monitor.at, Internet:, http://www.monitor.co.at/index.cfm/storyid/9677, Stand: 03.04.2008, Abfrage:05.11.2008
[5] Internet: Online-Verwaltungslexikon, http://www.olev.de/b.htm, Stand: 07.11.2008, Abfrage: 08.11.2008

Von womöglich größter Bedeutung für ein vor der Einführung stehendes Unternehmen sind die Kosten und der Rückfluss nach der Systemeinführung. Dabei gilt es über die reinen Einführungskosten (System, neue, dedizierte Hardware usw.) hinaus noch Betriebskosten, Wartungskosten oder Lizenzgebühren zu beachten, die anfallen, solange das System genutzt wird. Besonders KMU scheuen zunächst eine hohe lump sum mit geringeren Folgekosten, übersehen aber die mitunter immensen laufenden Kosten bei einer Finanzierungsmöglichkeit mit niedriger lump sum. Weiterhin erfordert die Einführung eines ERP-Systems Mitarbeiterschulungen. Meist muss dies explizit geschehen. Lernen Online oder direkt am System wären dabei willkommene Alternativen zu häufig kostenbehafteten Schulungen durch Consultants.

In letzter Zeit kamen zunehmend auch Bestrebungen seitens Anbietern von ERP-Software auf, ihre Systeme als „Software as a Service" (SaaS) anzubieten.[6] Neben abgestimmter Hardware und schnellerer Einführung kann man sich darauf verlassen, zumindest im Idealfall, dass Updates, Wartungen, Problemlösungen etc. für einen erledigt werden und man sich vollends auf das Kerngeschäft konzentrieren kann.[7] Jedoch ist bei schon vorhandener Hardware und Expertise, aber vor allem der Notwendigkeit das ERP-System direkt an den Kern des Geschäftes zu binden, SaaS eine ungünstige Wahl.[7]

Zusammenfassend folgende Anforderungen an ERP-Systeme aus KMU-Sicht:

- Individuelle Anforderungen müssen erfüllt werden, Mehrwertgenerierung
- Möglichkeit das System selbst einzuführen oder mit externem Consultant zu moderaten Preisen
- Geringe Einführungszeit und kostengünstige Einführung
- Möglichst vorkonfiguriert
- Einfache Bedienbarkeit oder kostengünstige Schulungen der Mitarbeiter
- Ressourcenschonend, möglichst ohne zusätzliche Hardware nutzbares Frontend
- Schnittstellen zu anderen Systemen
- Anpassbarkeit auch in Zukunft → Flexibilität
- Support während und lange nach der Einführung, umfassende Dokumentation

---

[6] Vgl. Kurzlechner, W., Internet: http://www.cio.de/knowledgecenter/erp/840540/index2.html, Stand: 16.08.2007, Abfrage: 07.11.2008
[7] Vgl. Internet: https://www.sme.sap.com/irj/sme/de/misc/resources/anonymous/SaugatuckEvaluatingSaaSSolutionsACh ecklistforSmalltoMidsizeBusinesses_en.pdf (Seite 3), Stand Februar 2008, Abfrage: 05.11.2008

3. SAP für KMU

3.1. Business One

SAP hat mit Business One eine ERP-Software speziell für kleine Unternehmen im Portfolio. Sie ist für 10-100 Mitarbeiter und bis zu 50 Benutzer der Branchen Dienstleistungen, Groß- und Einzelhandel sowie Fertigung geeignet. Die Einführung kann je nach Komplexitätsgrad bis zu 3 Monate dauern und €80.000 kosten und wird von einem SAP-Software-Partner vor Ort übernommen. Jener leistet in der Folge auch vorrangig den Support.

SAP verspricht dabei eine durchaus zügige Integration aller Funktionsbereiche (siehe Tabelle 1 Anhang), klare Sicht auf wichtige Kennzahlen, Web- und Kundenorientierung, höhere Produktivität und eine flexible Anpassungsfähigkeit.[8] Schulungen sind während der Einführung vor Ort und später Online möglich.[9]

In Zusammenarbeit mit Siemens Financial Services kann der Kunde sein künftiges SAP-System auch bequem finanzieren. Dies kann SAP-Software, zum Betrieb benötigte Hardware sowie Zusatzsoftware von Drittanbietern beinhalten und hat die Vorteile von günstigen Finanzierungsraten (auf maximal 7 Jahre festschreibbar), steuerlich absetzbare Tilgungsraten, die keinen Zinsschwankungen unterliegen, und der Möglichkeit, mit der ersten Rate zu warten, bis das System auch wirklich produktiv arbeitet.[10]

3.2. Business By Design

Das zweite für KMU denkbare System aus dem Hause SAP ist Business by Design. Diese Lösung ist noch recht neu und wurde bis November 2008 in lediglich 5 Pilotländern (USA, Deutschland, Großbritannien, Frankreich und China) mit 150 Pilotkunden eingeführt. Es kann für KMU bis 500 Mitarbeiter eingesetzt werden und hat als Markenzeichen eine On-Demand-Funktion. Business by Design wird komplett von SAP gehostet. Dabei sind Hard- und Software aufeinander abgestimmt, Ausfallsicherheit hoch und Datensicherung selbstverständlich. Das Unternehmen kann sich vollends auf sein Kerngeschäft konzentrieren bei recht moderaten aber dauerhaften Kosten (siehe Tabelle 1 Anhang) der Nutzung. Momentan scheinen aber die Strategen

---

[8] Internet: http://www.sap.com/germany/solutions/sme/pdf/50086283.pdf, Seite 8, Stand: 2008, Abfrage: 03.11.2008
[9] Vgl. Internet: http://www.sap.com/germany/smallbusiness/services/elearning/index.epx, Stand 2008, Abfrage: 05.11.2008
[10] Vgl. Internet: http://www.sap.com/germany/services/financing/index.epx, Stand: 2008, Abfrage: 05.11.2008

bei SAP das Produkt noch nicht „ausrollen" zu wollen, zu intensiv seien die Marketingkosten.[11] Bei diesem und größeren SAP-Systemen wird oft SOA – Serviceorientierte Architektur – betont, was eine flexible Anpassung von Geschäftsprozessen an sich wandelnde Umweltbedingungen ermöglicht. Grundprinzip dabei ist die flexible Zusammenstellbarkeit eben jener Services.[12]

Das Aufsetzen des Systems kann zum Teil selbst übernommen werden und spart somit auch wieder Kosten. Die gesamte Arbeit im und am System erfolgt webbasiert in enger Zusammenarbeit mit SAP-Partnern und soll einen geringen time to value zur Folge haben. 4-12 Wochen sollen zur Einführung ausreichen.

SAP betont letztlich auch die Punkte Serviceinnovationen (integriertes Lernen, integrierter Support, Communityservices u.a.)[13] und Expertenservices (Datenmigration, Analyse- und Berichtsfunktion u.a.)[14], die klare Vorteile für den Kunden bringen sollen.

3.3. Business All-In-One

Die größte (bis 2500 Mitarbeiter) von SAP für den Mittelstand angebotene Lösung stellt Business All-In-One dar. In den „Success Stories" auf der SAP-Homepage loben Kunden die Verschlankung von Prozessen[15], Flexibilität und damit die Möglichkeit besser auf Veränderungen reagieren zu können[16](durch z.B. NetWeaver und SOA) sowie die problemlose und zügige Einführung durch Consultants und anschließende Schulungen[17]. Darüber hinaus wird seitens SAP Wert auf Schnittstellenkompatibilität und auch Integration schon vorhandener verschiedenster IT-Landschaften gelegt. Im Zweifel wird aber auch das komplette Paket bestehend aus Server, Datenbank und Software geliefert, was aber zwingend in-house betreut werden muss.

Insgesamt ist der Umfang dieses Systems immens, aber auch die Unterstützung der verschiedensten Branchen (Automobilindustrie, Dienstleistungsbranche, Medien,

---

[11] Vgl. Poessneck, L., Internet:
http://www.silicon.de/software/business/0,39039006,39199507,00/sap+in+der+zwickmuehle.htm, Stand: 26.11.2008, Abfrage: 26.11.2008
[12] Vgl. Burkhard, B; Laures, G. (2004): SOA – Wertstiftendes Architektur-Paradigma, Objektspektrum, Heft 06/2003
[13] Vgl. https://www.sme.sap.com/irj/sme/de/solution/services/index.html, Stand 2008, Abfrage: 03.11.2008
[14] Vgl.
https://www.sme.sap.com/irj/sme/de/solution/services/servicesportfoliogolive/AdditionalServices.html, Stand: 2008, Abfrage: 03.11.2008
[15] Vgl. Internet: http://www.sap.com/germany/media/mc_223/Schaller%20Electronic_SS.pdf, Seite 2, Stand: 2007, Abfrage: 02.11.2008
[16] Vgl. Internet: http://www.sap.com/germany/media/mc_223/Komponentenfertiger_final.pdf, Seite 3, Stand: 2007, Abfrage: 02.11.2008
[17] Vgl. Internet: http://www.sap.com/germany/media/50079067.pdf, Seite 2, Stand: 2006, Abfrage: 02.11.2008

6

Fertigungsindustrie, Gesundheitswesen, Handel, Hightech, Metallindustrie, Immobilienmanagement, Konsumgüterindustrie, Maschinenbau, Prozessindustrie) ist sehr vielfältig. Die schon etablierten im System steckenden Prozesse sowie passgenau erstellte Branchenlösungen dürften jedes Unternehmen zufrieden stellen, lediglich die zumeist sechsstelligen Kosten werden zunächst abschrecken. SAP hat aber auch hier eine Finanzierungsmöglichkeit im Angebot (vgl. Tabelle 1 Anhang).

3.4. Business 4 ME? – ein Zwischenfazit zu SAP

SAP bietet drei verschiedene Systeme für KMU. Ein direkter Vergleich aller drei wäre unangebracht, schließlich sind die Zielgruppen z.T. völlig andere. Abbildung 2 gibt einen groben Überblick über Anforderungen, sich stellende Herausforderungen, typische Geschäftsprozesse und Organisationsstrukturen, die vom jeweiligen System bedient werden. Ziel anhand dieser wenigen Kriterien ist es, schon eine Vorauswahl treffen zu können, welches der SAP-Systeme geeignet ist.

	SAP Business One	SAP Business ByDesign*	SAP Business All-in-One
Anforderungen von Unternehmen	Eine komplette Lösung für alle zentralen Geschäftsprozesse	Die umfassende, anpassungsfähige On-Demand-Softwarelösung	Die direkt im Unternehmen betriebene, anpassungsfähige und erweiterbare Geschäftssoftware mit weitreichenden branchenspezifischen Best Practices
Herausforderungen bei jetzt vorhandener Software	Reine Buchhaltungssoftware, die den Anforderungen des Geschäfts nicht mehr gewachsen ist	Verteilte Anwendungen, die viel manuelle Arbeit und fehleranfällige Kalkulation erfordern	Verteilte Softwarelösungen, die den steigenden Anforderungen des Geschäfts nicht mehr gewachsen sind/ist
Typische Geschäftsprozesse	Relativ einfache Geschäftsprozesse Geringes Transaktionsvolumen	Komplexere Geschäftsprozesse Höhere, aber noch moderate Anzahl an Transaktionen	Vielfältige und komplexe Geschäftsprozesse mit branchenspezifischer Ausprägung Hohes Transaktionsvolumen sowie anspruchsvolle Service- und Fertigungsprozesse
Typische Organisationsstruktur	Bis zu 5 Standorte und unabhängige Tochtergesellschaften	Mehrere Standorte, Sparten oder unabhängige Tochtergesellschaften	Mehrere Standorte, Sparten und Tochtergesellschaften mit unterschiedlichen Rechtsformen
IT-Präferenzen	Begrenzte IT-Ressourcen und Präferenz für eine im Unternehmen betriebene Geschäftslösung	Begrenzte IT-Ressourcen und Präferenz für eine On-Demand-Softwarelösung	IT-Ressourcen vorhanden und Präferenz für eine im Unternehmen betriebene Geschäftslösung
Mitarbeiterzahl	Weniger als 100 Mitarbeiter	100 bis 500 Mitarbeiter	100 bis 2.500 Mitarbeiter

* Pilotkunden mit Landerversionen für die USA, Deutschland, Großbritannien, Frankreich und China

Abbildung 2: SAP-Systeme im Vergleich[18]

Man kommt letztlich aber nicht umhin, sich weiter in die Materie einzuarbeiten und sich anhand von Erfahrungsberichten schon bestehender SAP-KMU-Kunden (noch schwierig bei Business ByDesign) ein Bild der Möglichkeiten, aber auch des Ablaufs

---

[18] Vgl. Internet: http://www.sap.com/germany/solutions/sme/solution_comparison/index.epx, Stand: unbekannt, Abfrage: 01.11.2008

einer Implementierung zu machen. SAP bietet für diesen Zweck zahlreiche Kundenberichte. Die Objektivität sollte trotz aller anmutenden Seriosität zumindest ein wenig in Frage gestellt werden.

In letzter Zeit ist SAP massiv mit seiner Preispolitik im Mittelstand, vor allem den aufgezwungenen teureren Wartungspaketen, in die Kritik geraten[19,20] Ein Rückzieher erfolgte aufgrund lautstarker Proteste aber umgehend.[21] Letztlich zeigt dies aber wie wichtig eine genaue Kalkulation und wie unsicher auch bei SAP die Kostenentwicklung sein kann. Für die in Abschnitt 5 folgenden Betrachtungen wird *Business One* zu Grunde gelegt, da Business by Design aufgrund seines Entwicklungsstadiums und Business All-in-One aufgrund seiner Größe unangebracht für einen fairen Vergleich mit OSS-ERP erscheinen.

---

[19] Vgl. Born, A., Internet: http://www.heise.de/newsticker/Zorn-ueber-kuenftige-SAP-Wartungsgebuehren-wird-massiv--/meldung/119823, Stand: 03.12.2008, Abfrage: 03.12.2008
[20] Vgl. Schnettler, D., Internet: http://www.spiegel.de/wirtschaft/0,1518,594747,00.html, Stand: 05.12.2008, Abfrage 05.12.2008
[21] Vgl. dpa, Internet: http://www.heise.de/newsticker/SAP-macht-Rueckzieher-bei-Wartungsgebuehren-fuer-Mittelstandskunden--/meldung/120150, Stand: 09.12.2008, Abrfage: 09.12.2008

4. OSS ERP-Systeme

Der Markt für OSS ERP-Systeme ist groß und zum Teil sehr unübersichtlich wie eine Aufstellung des Regionalcentrum für Electronic Commerce Anwendungen Osnabrück (RECO)[22] zeigt. Allein diese (unvollständige) Übersicht zeigt 15 OSS ERP-Systeme, die vor allem die weit verbreitetsten Lösungen wie Compiere, ERP5, Lx, Openbravo und TinyERP enthält.

Wie eingangs schon erwähnt wird Compiere die OSS-ERP-Systeme vertreten. Es bietet die typischen Kern-ERP-Funktionen und CRM – letztlich für KMU bis 100 Mitarbeiter ausreichend. Prinzipiell eignet sich Compiere für die Branchen Handel, Vertrieb, Metall-, Kunststoff- und Textilindustrie, Finanzdienstleistung und reine Produktionsunternehmen. Ein Auszug schon implementierter Systeme findet sich bei Compiere[23].

"Easier to acquire. Easier to implement. Easier to extend. Easier to change." – Eine Zusage mit der man auf der Homepage von Compiere öfters konfrontiert wird und über erwähnte Branchen hinaus KMU überzeugt werden sollen. Aber wie weit kann und wird dieses Versprechen gehalten? Bei Compiere ist es möglich das System, dank quelloffenem Code und Community-Support (man hilft sich selber als Kerngedanke), stets („You can change everthing, anytime!") an die genauen Bedürfnisse anzupassen und damit wichtige Flexibilität zu erhalten. Allerdings empfiehlt sich die Inanspruchnahme eines kostenpflichtigen Compiere-Partners, v.a. bei Länderspezifika. Community-Support ist beim Fork Adempiere[24] um ein Vielfaches besser.[25]

Einen ähnlichen Gedanken wie SOA verfolgt Compiere außerdem mit MDA (Model Driven Architecture) um Entwicklungsgeschwindigkeit und damit Anpassbarkeit des Systems sowie bessere Handhabbarkeit zu schaffen.[26] Lediglich bei den Schnittstellen

---

[22] Vgl. Regionalcentrum für Electronic Commerce Anwendungen Osnabrück (RECO), Internet: http://iti20.iti.fh-osnabrueck.de/reco/files/marktuebersicht-29092007.pdf, Stand November 2007, Abfrage: 05.11.2008
[23] Vgl. Internet: http://www.compiere.com/products/success-stories/index.php, Stand: 2008, Abfrage: 08.11.2008
[24] Vgl. Brauns, H. Internet: http://www.heise.de/newsticker/Open-Source-CRM-Compiere-vor-der-Spaltung--/meldung/77954, Stand: 09.09.2006, Abfrage: 07.11.2008
[25] Vgl. Internet: http://www.adempiere.com/wiki/index.php/ERP_Comparison, Stand: 29.10.2008, Abfrage: 14.12.2008
[26] Vgl. Internet: http://compiere.com/products/platform/model-driven-architecture.php, Stand: November 2008, Abfrage: 08.11.2008

zu anderen Systemen offenbaren sich (noch) Schwächen. Integration von Altsystemen ist bedingt möglich, nur gewisse aber weit verbreitete Datentypen werden von Beginn an unterstützt[27], andere können aber mit Hilfe der Compiere-Partner bzw. der Community in Eigenregie folgen.

Compiere kann generell über den OSS-Distributor SourceForge (http://www.sourceforge.net) bezogen werden, alternativ auch mit Registrierung über Compiere. Der Download ist kostenlos und mit 65 MB verhältnismäßig klein. Die Hardwareanforderungen sind recht moderat, im Community Wiki von Compiere[28] ist die Rede von Java SDK 6, Oracle XE/10gR2/11g bzw. EnterpriseDB Postgres Plus Advanced Server 8.3. für die Datenbank, ein Betriebssystem, das mit diesen Datenbanken umgehen kann (Linux, Windows 2003/XP), 5+GB Festplatte, 1+GB Swap sowie 1+GB RAM. Mit Sicherheit ist auch bei solch einem System kein einfacher Desktop-Rechner zu empfehlen. Ein dedizierter Server ist auf lange Sicht sicher die beste Wahl, wenngleich aktuelle, aber speziell konfigurierte Desktop-Computer, für weniger als 1500€ Serverfunktionalitäten fast vollends bedienen können. Datensicherung und Netzwerkanbindung kommen außerdem hinzu. Das User-Frontend kann über einen einfachen Browser benutzt werden. Es wird Firefox 3 empfohlen. Sollte übrigens für das aufzuspielende Compiere noch keine Datenbank vorhanden sein, kann dies natürlich auch selbst in die Hand genommen werden. Ausführliche und bebilderte Anleitungen bietet Compiere speziell für diesen Zweck auf seiner Webseite[29].

Die Implementierung und das Vornehmen von Basiseinstellungen am eigentlichen System werden ebenfalls im Community Wiki von Compiere gut erklärt[30]. Etwas Geduld und Durchhaltevermögen werden jedoch von der einrichtenden Person abverlangt. Weiteres, wenn auch kleines Manko, dürfte die Verfügbarkeit des Wikis in lediglich englischer Sprache sein. Es sei an dieser Stelle aber unterstellt, dass dies fast nicht ins Gewicht fallen sollte, weshalb die kostenpflichtige Dokumentation ($120) ihr

---

[27] Vgl. Internet: http://www.compiere.com/products/platform/integration.php, Stand November 2008, Abfrage: 08.11.2008
[28] Vgl.Internet: http://wiki.compiere.com/display/docs/Installation+of+Compiere, Stand: 03.11.2008, Abfrage: 08.11.2008
[29] Vgl. Internet: http://www.compiere.org/support/installation.php, Stand: 2008, Abfrage: 08.11.2008
[30] Vgl. Internet: http://wiki.compiere.com/display/docs/Implementation+and+Basic+Settings, Stand 06.11.2008, Abfrage 08.11.2008

Geld wert sein dürfte, wenn darüber hinaus weder Lizenzkosten noch Schulungskosten anfallen sollten, wenngleich dieser Fall sehr selten ist.

In punkto Kosten gilt es bei Compiere prinzipiell zu differenzieren. Nicht alles ist kostenlos, wie eben genanntes Beispiel zeigt. Im Allgemeinen werden drei Editionen unterschieden. Die *Community Edition* ist gänzlich kostenlos, erfordert im Gegenzug aber auch das höchste Maß an Aufwand. Dennoch scheint sie für Engagierte durchaus geeignet, bietet sie doch auch Kern-ERP- und CRM-Funktionen. Die *Standard Edition* kostet pro Jahr und Benutzer $25, die *Professional Edition* $50. Mit ansteigenden Kosten wird auch umfassendere Funktionalität, besonders aber besserer Support geboten. Die Firma Compiere Inc. finanziert sich letztlich genau über jenen Support, da das System Compiere unter GPL läuft. Für einen umfassenden Vergleich der drei Editionen sei an dieser Stelle aber auf http://compiere.com/products/compare-editions/index.php verwiesen.

Abschließend sollte noch erwähnt werden, dass Schulungen und auch Implementierungen durch Compiere bzw. Compiere-Partner[31] im Stile des SAP-Vorbilds angeboten werden. Schulungen können auch via eLearning in Anspruch genommen werden. Die Preise für eLearning entsprechen sicherlich dem, was auch andere ERP-System-Hersteller verlangen und sind mit $1.500 in der Summe für alle Module durchaus bezahlbar.[32] Für Implementierungen empfiehlt sich prinzipiell die Zusammenarbeit mit einem Compiere-Partner. Brian Schoenbaechler der Southern Book Company arbeitete mit dem Compiere-Partner Knowledge Blue zusammen an einer Einführung und spricht in einem viereinhalbminütigem Interview über seine Gründe sich für Compiere überhaupt und in einem nächsten Schritt für die Zusammenarbeit mit einem Partner zu entscheiden.[33] Für ihn war das Senken der IT-Kosten durch Nutzen von OSS ein kritischer Punkt. Er traute sich ursprünglich das Einführen selbst zu, kam aber schnell zu der Einsicht, dass ein Partner eine strukturierte Einführung und Anpassung (binnen ~4 Wochen) und somit erwünschte Minimierung des Risikos ermöglicht. Oracle und SAP sind v.a. finanziell für ihn uninteressant.

---

[31] Vgl. Internet: http://www.compiere.com/partners/partner-directory/europe.php, Stand: 2008. Abfrage: 08.11.2008
[32] Vgl. Internet: http://www.compiere.com/services/elearning/index.php, Stand: 2008, Abfrage: 12.11.2008
[33] Internet: http://de.youtube.com/watch?v=JX5MCPH6efE, Stand: 28.03.2007, Abfrage: 18.12.2008

5. Vergleich

Um nun die vorgestellten SAP-Lösungen mit OSS, speziell Compiere, zu vergleichen, muss eine Einschränkung in der Gültigkeit der abzuleitenden Handlungsempfehlung gemacht werden. Der Anspruch der Allgemeingültigkeit muss hier klar abgewiesen werden - gelten für einen Onlinehändler mit 20 Beschäftigten doch andere Ansprüche als für einen Zulieferer mit 80 Beschäftigten. In der Folge wird von einem typischen Unternehmen mit rund 50 Beschäftigten (entspricht ~15 Benutzern) ausgegangen, welches mit Porters Wertschöpfungskette beschrieben werden kann. Somit werden die Primäraktivitäten Eingangslogistik, Operations, Vertrieb, Ausgangslogistik und Kundendienst bedient. Reduzierung auf lediglich Dienstleistung ist ebenso denkbar und wird mit betrachtet. Sekundäraktivitäten wie Personalwirtschaft, Unternehmensinfrastruktur und Beschaffung sind ebenfalls vorhanden.

Aufgrund der getroffenen Annahmen kann man davon ausgehen, dass eine IT-Abteilung, jedoch ohne ERP-sepzifisches Wissen, vorhanden ist. Beide Möglichkeiten ein ERP-System einzuführen (SAP oder OSS), binden die Kapazitäten in der IT recht stark, und man wird generell auf eine Projektplanung nicht verzichten können. Damit verfolgte Ziele sind v.a. „Transparenz des zu erwartenden Zeitaufwands und der Kosten" u.v.m[34]. Die Projektplanung muss zwingend alle betroffenen Unternehmensteile einbinden und ständig Rücksprache halten, um individuelle Anforderungen entsprechend umzusetzen. SAP-Partner haben dabei sicherlich den nicht unerheblichen Vorteil, dass jene auf einen reichen Erfahrungsschatz und große Expertise zurückgreifen können und großartige Überraschungen nach einer durchdachten Planung ausbleiben werden. Zusätzlich überzeugt SAP mit individueller Anpassung bzw. wahlweise mit „best practices", die effizienzsteigernd auf das Unternehmen wirken.

Es gibt Compiere-Partner, die eine Einführung unterstützen bzw. übernehmen, mit denen man ähnlich gute Ergebnisse erzielen kann wie bei SAP. Deren Einführungskosten sind jedoch auf Verhandlungsbasis, dürften aber im Vergleich niedriger sein. Wählt man aber die partnerlose und somit fast gänzlich kostenfreie Variante, wird sich die Einführung, sofern man einen durchschnittlich erfahrenen ITler unterstellt, aufgrund geringerer Kenntnisse in Projektmanagement schwieriger und

---

[34] Jenny, B (2001): Projektmanagement in der Wirtschaftsinformatik, S. 200.

damit auch langwieriger gestalten. Müssten wirklich eine bzw. wenige Personen allein die Projekteinführung und Koordination aller Beteiligten bewältigen, wäre dies eine Vollauslastung und andere Arbeit würde, zumindest für die Einführungszeit, fast gänzlich liegenbleiben. Wie schon im Abschnitt 4 erwähnt, ist man bei einer völlig ohne Partner vorzunehmenden Einführung dank des besseren Community-Supports mit Adempiere mitunter besser aufgehoben. Eine Einführung Compieres ist daher, vor allem in Hinblick auf Anpassung an unternehmensspezifische Prozesse, nur mit einem Partner sinnvoll.

Für eine Einführung inklusive Lizenzen verlangt SAP allein für das Standardpaket für die vorangegangen definierte Unternehmensgröße €35.000-40.000[35] und veranschlagt ca. 4 Wochen für die Einführung. Mitunter kann auch das Komplexpaket nötig sein, was Kosten von €60.000-80.0000 zur Folge hat und bis zu 3 Monaten an Einführungszeit benötigt (vgl. Tabelle 1 im Anhang für genaue Unterschiede). Für Kleinunternehmen der obigen Größe eine zu große Investition. Positiv fällt bei SAP aber auf, dass eine Finanzierungsmöglichkeit besteht: mit einer Laufzeit von bis zu 7 Jahren, keinen Zinsen und Zahlungsbeginn bis zu einem Jahr nach produktivwerden des Systems[36].

Datenmigration und Schnittstellenbereitstellung gehören dabei zum Leistungsumfang der SAP-Partner für die erwähnten zwei SAP-Pakete. Vor allem für Unternehmen in Wertschöpfungsketten ein wichtiges Kriterium. Man kann sich bei SAP ebenfalls vollends darauf verlassen, dass eventuell vorhandene Altsysteme vollständig abgelöst werden und folglich keine Insellösungen entstehen. Nimmt man einen Compiere-Partner in Anspruch, dürfte das Ergebnis in gleichem Maße zufriedenstellend sein. Selbst Datenmigration von SAP zu Compiere ist kein Problem.[37] Die Programmierer der Compiere-Partner können aufgrund des offenen Quellcodes und dank Rückkopplung mit Compiere-Entwicklern stets individuelle, für das Unternehmen zufriedenstellende, Lösungen schaffen und Anregungen für künftige Releases an das Entwicklerteam weiterleiten.

---

[35] Vgl. Internet: http://www.sap.com/germany/smallbusiness/business_value/costs/typical.epx, Stand 2008, Abfrage: 11.11.2008
[36] Vgl. Internet: http://www.sap.com/germany/smallbusiness/services/financing/index.epx, Stand: 2008, Abfrage: 11.11.2008
[37] Vgl. Kucharik, A., Internet: http://searchenterpriselinux.techtarget.com/tip/1,289483,sid39_gci1052344,00.html, Stand 02.09.2005, Abfrage: 10.11.2008

Releases und das Update auf jene sind bei Software immer ein Wagnis, sollte man laufende Systeme doch lieber nicht anrühren bzw. dies schon tun, aber bei mehr als nur routinemäßigen Patches mit entsprechender Weitsicht planen.[38] Vor allem bei so komplexer Software wie es ERP-Systeme sind, birgt ein Umstieg auf ein neues Release bzw. eine neue Version einige Herausforderungen für das Unternehmen. Unter Umständen werden neue Prozesse eingepflegt oder Abteilungen müssen wegen anstehender Nichtverfügbarkeit konsultiert werden. Besonders kleine Unternehmen tun sich dabei besonders schwer, fehlen ihnen doch nicht selten Mitarbeiter und zusätzliche Hardware um Ausfallzeiten und somit Produktionsausfall zu vermeiden.

Größtenteils SAP Kunden, die R3 oder älter mit auslaufenden Wartungsverträgen verwendeten, standen letztes Jahr vor Überlegungen auf SAP ERP umzusteigen. Ausführlich mit diesem Thema beschäftigte sich im November 2007 die Computerwoche.[39] Für diese Arbeit ist dieser spezielle Fall weniger relevant, geht es hier doch um SAP für KMU. Es soll lediglich gezeigt werden, was nach Implementierung und langjähriger Nutzung des ERP-Systems auf das Unternehmen zukommen kann. Bei SAP scheint die Erfahrung mit R3 zu zeigen, dass neben der eigentlichen Migration des Systems vor allem der Abschluss neuer und mitunter teurerer Lizenzverträge beim Umstieg auf ein neues System Kunden abschreckt.[39] SaaS (bei Business by Design) umgeht zumindest die Arbeit der Umsetzung auf Kundenseite, vertraglich können hiermit jedoch Fallstricke verbunden sein.

Compiere verfolgt einen anderen Ansatz und gewährt Support jeweils nur für die aktuellste Version des Systems. Zwar forciert man damit jeweils das Upgrade auf das neueste Release, eben jene Upgrades scheinen aber schnell und problemlos durchführbar zu sein und berühren keine der bisher geleisteten Anpassungen.[40] Mit diesem Upgradezwang, sofern man weiterhin den Support in Anspruch nehmen will, merzt man gleichzeitig auch Fehler aus – der eigentliche, aber oft aufgrund der anfallenden Arbeit verdrängte Sinn eines Upgrades: „One important principal: Errors will not go away - they will compound. So fix them ASAP."[41] Ähnliche „Konzepte" neben den regulären Patches sind für SAP-KMU-Software nicht bekannt, es sollte aber

---

[38] Vgl. Kaczenski, N., Internet: http://www.faq-o-matic.net/2008/02/20/never-change-a-running-system-bullshit/, Stand: 20.02.2008, Abfrage: 20.11.2008
[39] Vgl. Niemann, F., Internet: http://www.computerwoche.de/knowledge_center/erp/1846485/, Stand: 07.11.2007, Abfrage: 14.11.2008
[40] Vgl. Janke, J., Internet: http://www.jorgjanke.com/2008/08/migration-issues.html, Stand: 30.08.2008, Abfrage: 14.11.2008
[41] Vgl. Janke, J., Internet: http://www.jorgjanke.com/2008/12/migration-challenges.html, Stand; 14.12.2008, Abfrage: 30.12.2008

anzunehmen sein, dass Releaseupgrades in Zukunft weniger problematisch und attraktiver, als bspw. bei R3 oder noch älteren Systemen, sind.

Es bleibt zusammenfassend zu sagen, dass beide Systeme (SAP bzw. Compiere für OSS) ihre Vorteile haben. Überzeugt Compiere vor allem wegen der geringen Kosten und des quelloffenen Codes kann SAP mit seinem großen Know-how und exzellentem Service während und nach der Einführung punkten.

Tabelle 1 – Vergleich SAP Business One und Compiere

Kriterium	SAP (Business One)	Compiere
Einführungskosten	--	++/o (ohne/mit Partner)
Folgekosten	-	++/o (ohne/mit Partner)
Einführungszeit	o	+
Kapazitätsauslastung IT	o	o/- (mit/ohne Partner)
Support während Einführung	++	++/- (mit/ohne Partner)
Support nach Einführung	++	++/o (mit/ohne Partner)
Dokumentation	++	++ (gegen Aufpreis)
Anpassungsbedarf bzw. -aufwand	+	o
Mehrwertgenerierung	++	+
Flexibilität	+	++
Schnittstellenverfügbarkeit	++	+
Bedienbarkeit	o	o
Schulungsbedarf	o	o/- (mit/ohne Partner)
Ressourcenbedarf	-	+
Upgrade auf neue Releases	o	++

Legende: ++ sehr gering bzw. sehr gut,
-- sehr hoch bzw. verbesserungswürdig

6. Fazit

Vor 5-6 Jahren war für ERP-willige KMU meist nur eine proprietäre Lösung eines kleinen Softwarehauses ein Ausweg. OSS steckte damals in den Kinderschuhen, von einer OSS-ERP-Software war in Deutschland wenig bis gar nichts bekannt. SAP war wiederum für R3 und ähnliche Großunternehmslösungen bekannt, blieb aber für KMU gänzlich uninteressant, weil es als vor allem teuer, überdimensioniert und zu anpassungsbedürftig verschrien war.[42]

Mittlerweile hat sich das Bild gewandelt, besonders SAP hat die Notwendigkeit erkannt für künftiges Unternehmenswachstum auch KMU bedienen zu müssen, vor allem bei einem Ende 2006 formulierten Ziel von 100.000 Kunden bis 2010.[43] OSS hat sich inzwischen auch stark etabliert. Großes Aufsehen erregte die Stadt München 2003 mit der Ankündigung auf freie Software setzen zu wollen.[44] Neben der allgemein recht rasanten Entwicklung von OSS haben sich durchaus bemerkenswert leistungsfähige ERP-Systeme auf OSS-Basis entwickelt, u.a. Compiere.

Dass OSS-ERP für KMU durchaus in Konkurrenz zu SAP treten kann, wurde während der durchgeführten Recherchen immer deutlicher. Vor allem die geringeren Kosten, Systemanforderungen und hohe Flexibilität zeichnen generell OSS-ERP-Systeme aus, speziell aber Compiere als populärster Vertreter. Quelloffener Code, stete (kostenfreie) Verbesserungen und z.T. Support-Communities überzeugen darüber hinaus. Es sei an dieser Stelle noch einmal betont, dass eine partnerlose Einführung nicht der Regelfall sein sollte, da OSS-ERP-Systeme nicht minder komplex sind und KMU i.d.R. keinen ERP-Spezialisten haben um Geschäftsprozesse in selbem Maße wie ein Partner zu evaluieren und evt. zu gestalten.

Für SAP spricht in diesem Vergleich eindeutig das langjährig gesammelte Know-how, integrierte best practices, ein engmaschiges Partnernetzwerk mit sehr gutem Support und Anpassung an das Unternehmen. Für den hohen Preis kann man viel erwarten und wird definitiv nicht enttäuscht.

---

[42] Vgl. Internet: http://www.tse.de/papiere/sap/oldies/SAP_Merkmale.html, Stand: 1997, Abfrage: 05.12.2009
[43] Vgl. Franke, J., Internet: http://searchsap.techtarget.com/news/article/0,289142,sid21_gci1233068,00.html, Stand: 05.12.2006, Abfrage: 02.01.2009
[44] Vgl. Internet: http://www.muenchen.de/Rathaus/dir/limux/ueberblick/147191/index.html, Stand: November 2008, Abfrage: 02.01.2009

Sicherlich sind die Kosten ein Knackpunkt, sich aber auf lediglich dieses Kriterium zu stützen, wäre wenig sinnvoll. Support spielt ebenfalls eine Schlüsselrolle, um mit seinen Problemen nicht alleingelassen zu werden. Letztlich kann man keine ultimative Entscheidung für oder gegen eines der vorgestellten Produkte fällen. Beide haben ihre Daseinsberechtigung und bieten individuelle Vorteile. Empfehlenswert wäre eine Kontaktaufnahme mit Unternehmen derselben Branche, denen schon eine Einführung gelungen ist. Es ist letztlich unabdingbar, eine Vorstudie durchzuführen und sorgfältig die Alternativen zu prüfen bevor eine Entscheidung für oder gegen ein System gefällt wird.

Literaturverzeichnis
Literaturquellen:

Jacob, O. (2008): ERP Value, Springer Berlin Heidelberg

Burkhard, B; Laures, G. (2004): SOA – Wertstiftendes Architektur-Paradigma, Objektspektrum, Heft 06/2003

Jenny, B (2001): Projektmanagement in der Wirtschaftsinformatik, S. 200, vdf Hochschulverlag AG

Internetquellen:

Anderegg, T., Internet, http://www.wlug.org.nz/EnterpriseSpeak (Absatz 2), Stand:01.10.2007, Abfrage: 05.11.2008

Boggs, R auf monitor.at, Internet:, http://www.monitor.co.at/index.cfm/storyid/9677, Stand: 03.04.2008, Abfrage:05.11.2008

Online-Verwaltungslexikon, http://www.olev.de/b.htm, Stand: 07.11.2008, Abfrage: 08.11.2008

Kurzlechner, W., Internet: http://www.cio.de/knowledgecenter/erp/840540/index2.html, Stand: 16.08.2007, Abfrage: 07.11.2008

Poessneck, Lutz, Internet: http://www.silicon.de/software/business/0,39039006,39199507,00/sap+in+der+zwickm uehle.htm, Stand: 26.11.2008, Abfrage: 26.11.2008

Born, A., Internet: http://www.heise.de/newsticker/Zorn-ueber-kuenftige-SAP-Wartungsgebuehren-wird-massiv--/meldung/119823, Stand: 03.12.2008, Abfrage: 03.12.2008

Schnettler, D., Internet: http://www.spiegel.de/wirtschaft/0,1518,594747,00.html,
Stand: 05.12.2008, Abfrage 05.12.2008

Dpa, Internet:http://www.heise.de/newsticker/SAP-macht-Rueckzieher-bei-
Wartungsgebuehren-fuer-Mittelstandskunden--/meldung/120150,
Stand: 09.12.2008, Abrfage: 09.12.2008

Regionalcentrum für Electronic Commerce Anwendungen Osnabrück (RECO), Internet:
http://iti20.iti.fh-osnabrueck.de/reco/files/marktuebersicht-29092007.pdf,
Stand November 2007, Abfrage: 05.11.2008

Brauns, H. Internet: http://www.heise.de/newsticker/Open-Source-CRM-Compiere-vor-
der-Spaltung--/meldung/77954,
Stand: 09.09.2006, Abfrage: 07.11.2008
Kucharik, A., Internet:
http://searchenterpriselinux.techtarget.com/tip/1,289483,sid39_gci1052344,00.html,
Stand 02.09.2005, Abfrage: 10.11.2008

Kaczenski, N., Internet: http://www.faq-o-matic.net/2008/02/20/never-change-a-
running-system-bullshit/,
Stand: 20.02.2008, Abfrage: 20.11.2008

Niemann, F., Internet: http://www.computerwoche.de/knowledge_center/erp/1846485/,
Stand: 07.11.2007, Abfrage: 14.11.2008

Janke, J., Internet: http://www.jorgjanke.com/2008/08/migration-issues.html,
Stand: 30.08.2008, Abfrage: 14.11.2008

Franke, J., Internet:
http://searchsap.techtarget.com/news/article/0,289142,sid21_gci1233068,00.html,
Stand: 05.12.2006, Abfrage: 02.01.2009

Stadt München, Internet:
http://www.muenchen.de/Rathaus/dir/limux/ueberblick/147191/index.html, Stand:
November 2008, Abfrage: 02.01.2009

SAP AG, Internet: http://www.sap.com

Compiere Inc, Internet: http://www.compiere.com

Anhang

Tabelle 1

	SAP Business One	SAP Business by Design	SAP Business All in One
Kosten	**Einfach:** ≥4 Benutzer €15.000 **Standard:** ≥ 8 Benutzer €35.000 - € 40.000 **Komplex:** ≥ 20 Benutzer €60.000 - € 80.000 Möglichkeit der Finanzierung über SAP FINANCING[45]	€133 - €232 pro Benutzer/Monat Min. 25 Benutzer (=€3325 pro Monat)	für Software, Hardware, Implementierung, inkl. MaxDB; SUSE Linux Enterprise Server, Intel Xeon-System, 5 Benutzerlizenzen)[46] **Produzierendes Gewerbe:** Ab €90.000 + €1.600 pro Benutzer **Dienstleistungen:** Ab €70.000 + €1.600 pro Benutzer Maximum: ~€0,75 Mio (120 Benutzer, alle Module) Möglichkeit der Finanzierung über SAP FINANCING[45]
Einführungszeit	**Einfach:** < 1 Woche **Standard:** ~4 Wochen **Komplex:** bis zu 12 Wochen	4-12 Wochen, ausschließlich webbasiertes Arbeiten, vorkonfiguriertes System auf Branche spezifisch	Ca. 10-15 Wochen mit minimaler Unterbrechung des Geschäftsbetriebs, fertig konfiguriert mittels „Deployment Accelerators"
Umfang	**Einfach:** grundlegende Verkaufs- und Finanzvorgänge Keine maßgeschneiderte Anpassung, keine aufwändige Datenübernahme oder -integration[47] **Standard:** Einkauf, Verkauf, CRM, Lagerwirtschaft, gesamtes Finanzwesen Anpassung einiger Standardberichte und Formulare, kleinere Anpassungen der Anwenderschnittstelle. Stammdaten aus der Vorgängerlösung importieren, die Kontakte mit Daten in Microsoft Outlook synchronisieren[47] **Komplex:** Finanzen, CRM, Lagerwirtschaft, Einkauf, MRP und Personalwesen Vorhandene Daten aus Buchhaltung, Kundenkartei, Lager- und Materialwirtschaft übernehmen Schnittstellen zu anderen System, DATEV-Unterstützung etc[47]	Standardmäßig wählbar Obliegt dem Nutzer, wählbar aus folgenden Modulen: Finanzwesen, CRM, HR, SCM, Projektmanagement, SRP, Compliance Management, Executive Management Support Schon ab P4 2,4GHz mit 512 MB RAM möglich und 1Mbit/s Hosting außer Haus (SaaS)	Standardmäßig wählbar: SAP ERP (alle ERP-typischen Funktionen) CRM Business Analytics SAP Best Practices für Mittelstand SAP NetWeaver Je Branche unterschiedliche Lösungen konfigurierbar, mitunter gibt es bis zu 30 verschiedene zubuchbare Funktionen bei den Hauptmodulen wie z.B. Auftragsabwicklung, Rechnungswesen und Controlling

[45] Vgl. Internet: http://www.sap.com/germany/media/mc_325/50078421.pdf, Stand 2006, Abfrage: 05.11.2008
[46] Vgl. Internet: http://www.novell.com/rc/docrepository/public/13/basedocument.2008-03-15.9359086421/SAP%20Business%20AiO%20FAQ_en.pdf, Seite 2, Stand: 15.03.2008, Abfrage: 05.11.2008
[47] Vgl. Internet: http://www.sap.com/germany/smallbusiness/business_value/costs/index.epx, Stand: 2008, Abfrage: 05.11.2008